# FÜR HENRI

**In neuer Rechtschreibung**

1. Auflage 2002
© Edition Bücherbär im Arena Verlag GmbH, Würzburg 2002
Einbandillustration von Susanne Schulte
Alle Rechte vorbehalten
Gesamtherstellung: Westermann Druck Zwickau GmbH
ISBN 3-401-08081-4

Barbara Zoschke / Susanne Schulte

# Ferdinand, der kleine Feuerwehrmann

# Brötchen zum Frühstück

Der  klingelt und klingelt.

Steh doch endlich auf, Ferdinand !

Aber der kleine Feuerwehrmann  hört den  nicht.  reibt sich nur die  und gähnt. Dann kuschelt er sich wieder ins .

Doch plötzlich reißt er die  auf,

schießt aus dem  wie eine

und starrt auf den .

 hat verschlafen.

Jetzt muss alles ganz schnell gehen.

Hastig schlüpft  in seine .

Dann zieht er  und  über

und springt in seine .

Bevor er aus der  rennt, nimmt er den  und die  vom . 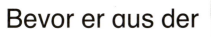 läuft, so schnell er kann.

Als er endlich in der  ankommt,

sinkt er erschöpft auf einen  .

Die anderen  warten schon.

 wünscht sich eine

große  heißen  und warme

 , denn für ein

war es heute viel zu spät.

Da klingelt das  .

 nimmt den  ab.

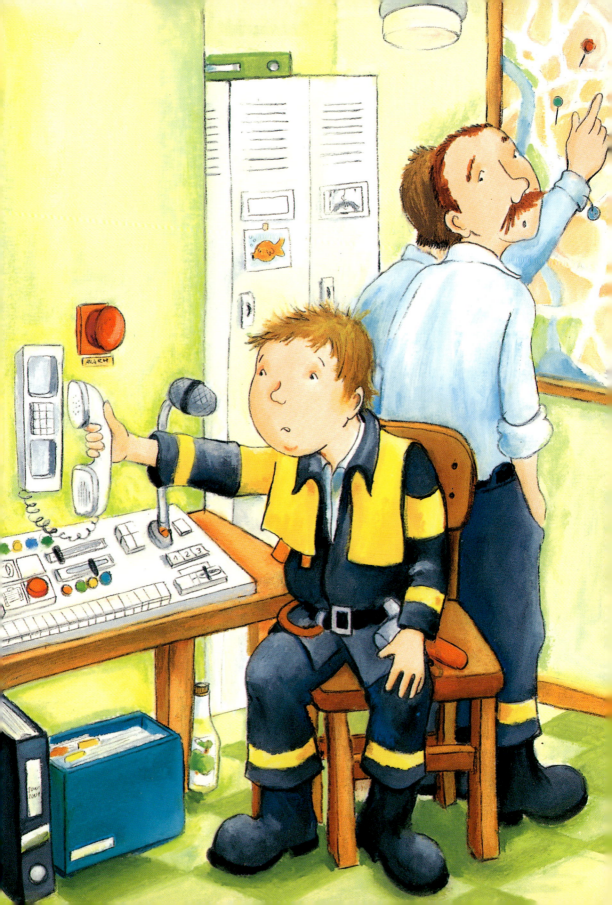

„, komm schnell", sagt eine .

„Es brennt in der Bäckerei Brenzlig ."

Die  laufen in die  und

springen in das .

Der  stellt  und  an

und braust los.

Vor der  stehen viele .

Die  winkt  aufgeregt zu.

Aus der  dringt .

Die  ziehen sich die  über.

Mit dem schweren  in den

betritt  die . Aus dem

 schlagen  empor.

Schon hat das  die

und das  erfasst.

Der  dreht den  auf.

Das  zischt und prasselt ins .

Endlich ist das  gelöscht.

Die  auf der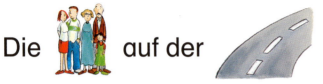

klatschen in die 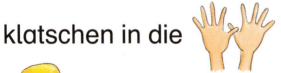 .

 wischt sich den

von der  .

Die  öffnet eine  und

gießt den  heißen

in große  .

 hebt die  zum  .

Da knurrt es in seinem  .

Die  läuft schnell in die  .

Als sie wiederkommt, hält sie dem

 eine  mit

unter die  . Der  greift zu.

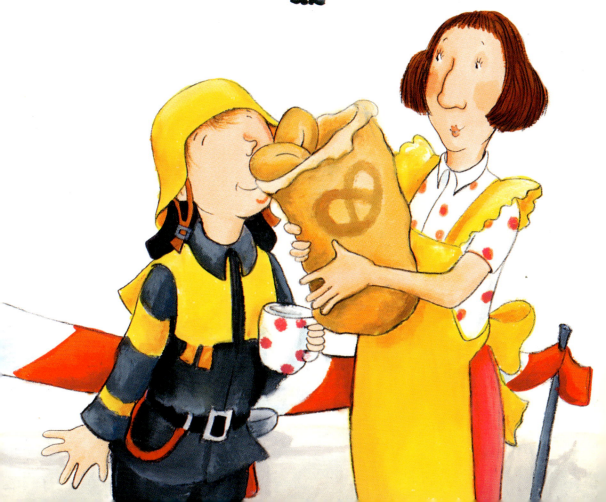

Er beißt in ein  und sagt: „Mmh!

Die  sind warm. Sie kommen

direkt aus dem ."

Da lacht die  und sagt:

„Nein, sie kommen aus dem ."

**Wasser marsch!**

Die  brennt heiß vom  .

Die  stehen am

vom Kindergarten  und warten.

Da hören sie das  kommen.

TATÜ TATA!

 bremst vor dem  .

„Komm schnell, 🧒!

Unser 🚪 steht unter 💦",

rufen die 👫. „Dort heben wir

alle unsere 🚂 auf!"

Die 👧 zeigt eine 🪜 hinunter.

„Dort unten ist der 🚪."

Die  gehen die  hinab.

Sie stehen bis zum  im .

Im  schwimmen viele  und , kleine ,  und .

Bestimmt ist ein  gebrochen,

denkt .

Er sucht den  und dreht ihn zu.

Dann öffnet er ein  und geht

zurück zum .

Er zieht seine  aus und krempelt die  hoch. Dann wickelt er den  ab und schiebt ihn durch das .

Die  nehmen den  und halten ihn im  ins .

Jetzt stellt  die  an.

Es gluckert und dröhnt und rauscht – bis

das ganze  weg ist.

Nur eine kleine  ist noch am .

Die  laufen in den  und

tragen die  und  hinaus.

Sie setzen sie auf eine  in die 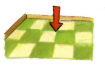.

„Ihr habt es gut", sagt ein  zu den

. „Das war bestimmt toll erfrischend."

 nickt und sagt: „Heute

brennt die  wirklich wie ."

Plötzlich grinst  von einem

zum anderen.

Er geht zum , hält den

 hoch und ruft: „ marsch!"

Das  schießt aus dem .

Die  jubeln.

Sie ziehen sich bis auf die  aus

und stellen sich unter den .

Der  lacht: „Jetzt brennt die

nicht mehr!"

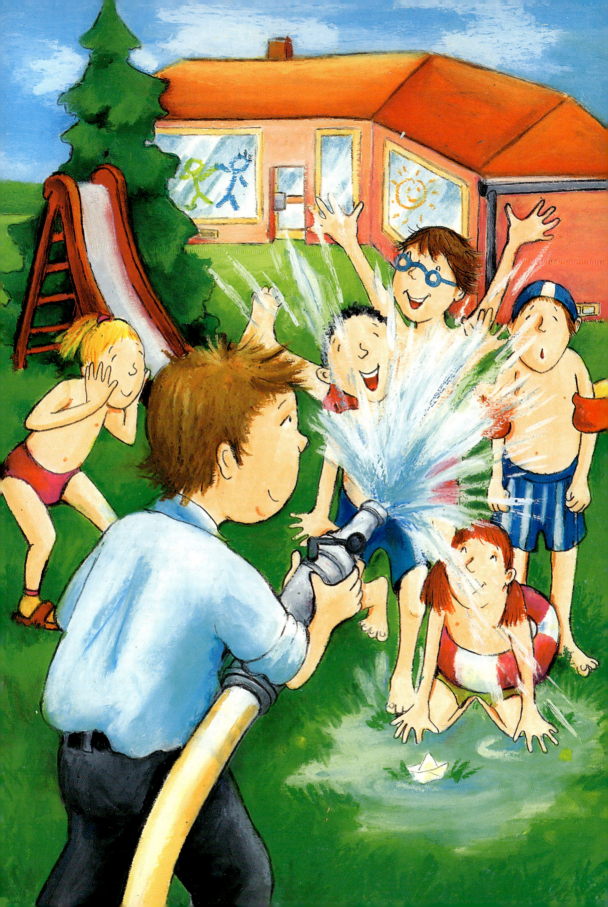

# Ferdinand, der Zauberer

Endlich heim, denkt .

Gerade will er ins  klettern und

zur  fahren, da kommt ein

vorbei. Der  weint.

In dem Haus  gleich nebenan

wird ein  geöffnet.

Es ist die Mutter  von dem .

„Komm rein!", ruft sie.

 fragt den  : „Warum

weinst du denn?"

Der  zeigt auf einen hohen .

„Mein  hängt fest!", schluchzt er.

 legt eine  über die

 und blinzelt in die .

lächelt.

Er erkennt hoch oben

einen gelben

mit einem bunten     .

Dann öffnet er die  vom

und sagt zu dem  :

„Bitte einsteigen!"

Der  macht große  .

Geschickt klettert er das  hinauf

und setzt sich auf die  .

 steigt hinter das  .

Er dreht den

herum, sodass der  brummt.

Dann schaut er in den  und setzt das  langsam dicht an den hohen  heran.

Jetzt drückt er auf einen  am . Die  vom  wird ausgefahren. Sie wird länger und länger.

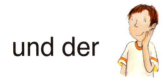 und der  steigen aus dem .

Der  bleibt unter dem  stehen, während der  die  hinaufklettert.

für  kommt er dem

näher. Schon streckt

die  nach dem  aus.

Doch plötzlich kommt starker  auf

und der  fliegt fort.

Enttäuscht klettert  die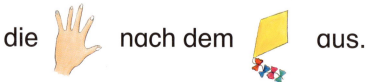

hinab. „Flieg heim", ruft

dem  hinterher.

Der  blickt dem  nach.

„Da!", ruft der  plötzlich. Er lacht.

„Mein  ist wirklich heim geflogen."

 staunt.

Im geöffneten  sieht er seine  winken.

In der  hält sie den gelben .

Der  blickt zu  auf.

„Ich glaube, du bist gar kein ,

sondern ein !"

 lacht und steigt in das .

„Tschüss!", ruft er.

Dann braust er davon.

# Die Wörter zu den Bildern

Wecker

Ferdinand

der kleine Feuerwehrmann

Augen

Kissen

Bett

Rakete

Hose

Hemd

Socken

Stiefel

Tür

Helm

Jacke

Haken

Feuerwache

Stuhl

Tasse

Tee

Brötchen

Frühstück

Telefon

Hörer

Frau

Bäckerei Brenzlig

Wagenhalle

Feuerwehrauto

Fahrer

Blaulicht

Sirene

Menschen

Bäckersfrau

Qualm

Atemschutzmasken

Schlauch

Hände

Papierkorb

Flammen

Feuer

Vorhänge

Regal

Wasser

Straße

Schweiß

Stirn

Thermoskanne

Mund

Bauch

Tüte

Nase

Ofen

Sonne

Himmel

Kinder

Zaun

Kindergarten

Keller

Spielsachen

Erzieherin

Treppe

Puppen

Stofftiere

Kochtöpfe

Kleider

Rohr

Haupthahn

Kellerfenster

Ärmel

Pumpe

Pfütze

Boden

Bank

Junge

Ohr

Unterhose

Wasserstrahl

Haus

Mutter

Baum

Drachen

Baumkrone

Drachenschwanz

Wind

Schiebetür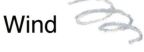

Trittbrett

Sitzbank

Lenkrad

Schlüssel

Motor

Rückspiegel

Knopf

Armaturenbrett

Leiter

Sprosse

Zauberer